8. Xbre 1691.

REGLEMENT GENERAL DU ROY

Pour le Regiment de ses Gardes Françoises.

1691.

A PARIS,
DE L'IMPRIMERIE ROYALE.

TABLE DES TITRES

Contenus dans ce Reglement.

REGLEMENT

REGLEMENT GENERAL

Fait par le Roy, ſur ce qui concerne ſon Regiment des Gardes Françoiſes; Voulant SA MAJESTE' qu'on s'y conforme & qu'on n'y change rien ſans ſon ordre, & dont l'Original reſtera entre les mains du Major du Regiment.

POUR L'HABILLEMENT du Regiment.

1. LES habits des Sergens ne monteront jamais plus haut que cent livres; Sçavoir, juſt-au-corps, culotte, chapeau & bas, mettant ſeulement un galon d'argent ſur le

revers des manches, & autour de la patte.

2. Quand j'ordonne d'habiller le Regiment, le Colonel se fera donner des modeles par le Major, fera habiller un Soldat ou deux avec un Sergent, & me les presentera, & aprés les avoir agréez, le Colonel ordonnera au Major de faire faire un modele pour chaque Compagnie, lequel il leur délivrera quand le Colonel le dira, afin que chaque Capitaine s'y conforme avec la regularité necessaire pour estre tous uniformes, sur peine à eux de me déplaire.

3. Quand on habillera le Regiment, le Major en fera la visite habillé, trois jours avant que je le voye; afin de rendre compte au Colonel, si tout est executé suivant ce que j'auray ordonné.

4. L'on ne contraindra jamais les Capitaines de prendre chez d'autres Marchands que ceux qu'il leur conviendra.

5. L'on observera d'habiller de neuf tous les deux ans, sans pouvoir en exempter nul Soldat, sous quelque

pretexte que ce puisse estre.

6. L'on fera retourner l'année qu'on n'habillera pas, donnant des assortimens neufs, tels qu'ils seront ordonnez.

7. Il sera regulierement observé de donner trois paires de souliers par an à chaque Soldat.

8. Les Sergens & Soldats seront toûjours habillez de bleu, à moins que je ne l'ordonne autrement.

9. Les Capitaines seront chargez de l'habillement de leurs Sergens, & pour cela ils retiendront sur leur paye quatre livres par mois à chacun, faisant quarante-huit livres par an, & pour les deux ans quatre-vingt-seize livres.

10. L'Ordonnance de neuf cens livres, jadis donnée pour les entrées du vin, sera continuée tous les ans, & employée pour le fond des habits des Sergens; cette Ordonnance est de dix-huit cens livres pour les deux ans, laquelle somme repartie sur les Sergens, fait quatorze livres un sol trois deniers pour chacun; si bien que chaque Sergent moyennant quatre

livres par mois, que le Capitaine luy rabattra sur sa paye, aura de fonds pour les deux ans 110. l. 1. s. 3. d.

11. Cela suffira tant pour l'habillement neuf, que pour luy donner chapeau, bas, & autres petits ajustemens dans l'année qu'on n'habillera pas.

12. Un Sergent a par an 350. l. faisant par mois 29. l. 3. s. 4. d. Il faut rabattre les neuf deniers des aumônes & invalides qui font 1. l. 1. s. 9. d.
Reste de paye au Sergent 28. l. 1. s. 7. d. On luy rabattra quatre livres par mois pour l'habiller, il luy restera par paye par chacun mois 24. l. 1. s. 7. d.

13. Laquelle paye de 24. l. 1. s. 7. d. sera donnée au Sergent, sans que le Capitaine puisse rien rabattre, non plus que sur le prest du Soldat, sans mon ordre exprés.

Maniere de faire des Sergens.

14. Quand il manquera un ou plusieurs Sergens dans une Compagnie, le Capitaine choisira un Soldat, & en cas qu'il ne juge pas capable de cet

employ ſon premier Caporal, ou les ſuivans, il en dira les raiſons au Colonel, en luy preſentant le Soldat qu'il aura choiſi, duquel il donnera le nom & les ſervices au Major, pour s'informer ſi celuy qu'il propoſe a les qualitez & le ſervice requis pour la hallebarde; aprés quoy le Major en rendra compte au Colonel, & ſi le Colonel ne juge pas à propos de l'agréer, le Capitaine luy en propoſera un autre, juſques à ce qu'il en trouve un digne.

15. Il ne ſera jamais permis au Capitaine de faire le Sergent autrement.

16. Quand un Sergent eſt tombé en quelque faute, il peut eſtre envoyé en arreſt ou priſon, ſoit par le Capitaine ou par le Major; le Colonel ou le Commandant du Corps en ſon abſence peut l'interdire, ou luy ordonner telle punition qu'il jugera à propos; mais il ne peut jamais eſtre caſſé que par mon ordre, ou par le Conſeil de Guerre.

17. Si le premier Caporal n'eſt pas jugé digne d'eſtre Sergent, il luy ſera libre de ſe retirer, & le Capitaine ne

pourra luy refuser son congé; en ce cas le Capitaine ne pourra l'oster si le Caporal veut rester Caporal.

18. L'on ne fera jamais de Sergent supernumeraire, c'est à dire, au delà du nombre, sans un ordre nouveau de moy pour le permettre.

Reglement pour la maniere d'aller monter la Garde de Paris à Versailles.

19. Quand tout le Regiment arrive à Paris, ou qu'il en part, le Colonel ou Commandant du Corps en son absence, me demandera combien de Compagnies je veux pour ma garde, & combien de jours elles y seront sans estre relevées, ayant ordonné que lorsque tout le Regiment est prés de moy, il montera quatre Compagnies pour ma garde, qui ne se releveront qu'aprés trois fois vingt-quatre heures; cela s'executera jusques à ce que je l'ordonne autrement.

20. Mon intention est aussi que lors qu'il n'y aura que dix ou douze Compagnies auprés de ma Personne, il en montera trois en garde, & y seront trois fois vingt-quatre heures.

21. Le Major ayant receu l'ordre du Colonel le donnera aux Sergens, pour que les Compagnies ſoient exactes à ſe trouver à cinq heures preciſes du matin à la Croix de Vaugirard : Il ne faut point leur fixer l'heure du départ de leurs quartiers, parce qu'eſtans dans de differents éloignemens, ils arriveroient long-temps les uns aprés les autres au rendez-vous; mais il faut ſeulement leur preſcrire l'heure qu'il faut eſtre arrivé au rendez-vous, qui eſt Hyver & Eſté, à cinq heures du matin; c'eſt aux Officiers & Sergens de faire partir à l'heure convenable.

22. Chaque Compagnie aura une heure marquée par le Major, ſuivant l'éloignement qu'elle eſt du rendez-vous, pour faire partir, dont les Officiers, Sergens & Soldats ſeront inſtruits.

23. Lorſque l'heure ſera arrivée, la Compagnie marchera, quand meſme les Officiers ne ſeroient pas arrivez.

24. Avant partir du Drapeau, l'Officier ou le Sergent en fera faire

l'appel, & marquera les absens.

25. Pour nulle raison que ce soit les Sergens ne peuvent s'exempter de marcher avec la Compagnie, portans leurs hallebardes, à moins qu'ils n'ayent un congé signé du Capitaine.

26. Pendant que les Compagnies marchent dans Paris, les Soldats auront mousquet sur l'épaule, & tous les Tambours battront.

27. Dés que les Compagnies arrivent à veuë du Chasteau, les Tambours & Soldats feront la mesme chose.

28. Tous les Sergens logeront à leurs quartiers, & si quelqu'un d'eux vend du vin ou affecte de faire le prest dans un Cabaret ou dans le voisinage, pour obliger les Soldats d'y aller boire, le Major les envoyera en prison, & en avertira le Colonel ou Commandant du Corps en son absence, pour les interdire & m'en rendre compte.

29. Tous les Officiers estans avertis du jour que leurs Compagnies monteront la garde, ou pour aller ailleurs, se rendront à leur Drapeau

avant l'heure qu'ils sçavent qu'elles doivent partir.

30. Si quelque Officier est malade, il en avertira le Lieutenant-Colonel ou Commandant naturel qui sera à Paris, & en mesme temps en envoyera un billet au Sergent de la Compagnie pour le donner au Major qui en instruira le Colonel.

31. Si un Capitaine ou Officier avoit quelque affaire pressante, il doit prendre ses mesures pour avoir permission du Colonel de ne point monter la garde, personne ne pouvant le dispenser de ce devoir que le Colonel, qui m'en rendra compte.

32. Et lors qu'il en a la permission, il en fera avertir le Major par le Sergent de la Compagnie, afin de le mettre sur l'Extrait de la garde, & qu'en cas que le Colonel ne fust pas à la Cour, il puisse m'en rendre compte.

33. Les Officiers qui ne seront pas en estat d'aller avec les Compagnies monter la garde à cheval, ne monteront point la garde à moins qu'ils n'ayent une permission particuliere du Colonel.

34. Les Sergens d'affaires seront chargez, & en leur absence un de leurs camarades, de faire un billet des Officiers qui conduisent & reconduisent leurs Compagnies, marquant dans ledit billet s'ils sont venus au Drapeau, & le lieu où chacun aura joint la Compagnie, quand mesme ce ne seroit qu'à cent pas du Drapeau.

35. Lorsque les Compagnies sont arrivées pour monter la garde, les Sergens donnent ces billets au Major qui en rend compte au Colonel, ou à moy en son absence.

36. Quand les Compagnies s'en retournent à leurs quartiers, les Sergens font les mesmes billets marquant si chacun a reconduit la Compagnie, & le lieu où chacun l'aura quittée; ce billet du retour sera donné au Major le premier Mercredy ou Samedy qu'il donnera l'ordre.

37. Si le Major s'apperçoit que les Sergens ne donnent pas les billets fidelement, il les mettra en prison, & en avertira aussi-tost le Colonel ou Commandant du Corps en son absence.

38. Il y aura toûjours un Capitaine à cheval qui se trouvera à cinq heures du matin au rendez-vous où les Compagnies s'assemblent pour aller monter la garde, & les conduire pour les faire marcher en bon ordre, & répondre des desordres que les Soldats peuvent faire en chemin.

39. Il y aura toûjours un Ayde ou un Sous-Ayde-Major, qui se trouvera au rendez-vous des Compagnies, en fera faire l'appel marquant la quantité d'absens, aussi bien que le nombre des Sergens, mettra les Compagnies en bataille ; & le Capitaine estant arrivé, l'Ayde ou Sous-Ayde-Major luy demandera l'ordre pour les mettre en marche.

40. Comme il n'y a qu'un Tambour qui bat pendant la marche, il faut que tous les autres marchent à trente pas de la teste du Bataillon & jamais plus loin ; car c'est eux qui par la liberté qu'ils se donnent d'aller devant & comme bon leur semble, font tous les desordres, parce qu'ils ne sont point à portée d'estre veus.

41. Quand les Compagnies sont

arrivées, l'Ayde-Major en fait l'appel, & donne au Major ceux qui ne sont point venus avec le Drapeau, lesquels on commence à mettre en faction, & on les y laisse huit heures tout de suite, sans que cela leur soit compté dans leurs factions ordinaires à la garde.

42. Le Major ou Ayde-Major de semaine va à dix heures voir les Compagnies qui doivent monter où elles sont en halte, & y fait aller celles qui doivent descendre, où il examine si elles sont de tout point, comme elles doivent estre suivant les habits & ajustemens ordonnez, aprés quoy il les compte pour en faire l'extrait; dés que cela est fait, il les met en bataille, & va avertir le Colonel.

43. Lors que onze heures sonnent, les Compagnies s'avancent à la grille où les Capitaines prennent la pique, & quand mesme les Capitaines n'y seroient pas, l'heure d'onze heures estant fixée par moy, les Compagnies entreront & monteront la garde, & le Major avertira le Colonel de ceux qui y ont manqué pour m'en rendre compte.

44. Les Compagnies estant en bataille entreront dans la cour par manches, commençant par celles qui descendent, marchant dans le milieu de la cour, comme si on vouloit entrer dans la petite cour : quand la teste est à cinquante pas de la petite porte, les Capitaines saluënt à la porte, & aussi-tost font faire un quart de conversion à gauche ; dés que cette manche a tourné, les Enseignes saluënt, & ensuite font tourner les Piquiers, les Piquiers ayant tourné, les Sous-Lieutenans saluënt, & font tourner leur manche, aprés quoy les Lieutenans saluënt.

45. Les Compagnies qui descendent aprés avoir salüé, vont se mettre en bataille, le dos contre le balustre de la terrasse de la cour à la gauche en entrant, la premiere manche faisant la gauche, les divisions passant sur la droite.

46. Avant que d'entrer dans la cour, le Major fixera un Sergent pour dresser chaque rang, dont les autres ne se mêlent point pour éviter le murmure.

47. On obſervera qu'à chaque aiſle de manche, il marche toûjours un Sergent, afin que dés que cette manche arrive ſur ſon terrein les Sergens meſurent, (auſſi-toſt que le premier Soldat eſt arreſté) deux hallebardes de diſtance d'un rang à l'autre, & ira juſques au dernier rang ſans s'amuſer à les dreſſer, parce que cela fait du bruit, & que c'eſt l'affaire du Sergent préposé pour chaque rang.

48. Les Compagnies qui montent ſuivent ces premieres dans le meſme ordre & tiennent le meſme chemin, les Capitaines saluënt à cinquante pas de la grille, & auſſi-toſt font faire un quart de converſion.

49. La difference de ces Compagnies à celles qui deſcendent, c'eſt que dés que la premiere manche de celles qui montent commence à tourner, toutes les autres manches tournent ſur leur terrein, afin de ſe trouver en bataille en meſme temps faiſant face aux autres.

50. Le meſme ordre pour les Sergens ſera obſervé.

51. Les Officiers des Compagnies

qui montent ne saluënt pas, parce qu'ils ne viennent pas assez avant pour cela.

52. Le Major aura soin de tenir toutes les hallebardes de la longueur de six pieds & demy, parce que sans cela on auroit trop de peine à dresser les rangs.

53. Le Major nommera un Sergent à chaque garde pour delivrer & recevoir les casaques, & tenir un contrôlle des Compagnies qui en perdront, pour en rendre compte à l'Ayde-Major de semaine, auquel cas la Compagnie qui en aura perdu les payera; & si l'Ayde-Major manque à toutes ces précautions, & qu'il ne puisse par negligence verifier qui les a peduës, ce sera l'Ayde-Major qui les payera.

54. Lorsque les Compagnies sont en bataille, & que les sentinelles sont relevées & la visite des casaques faite, le Major va le dire au Colonel pour sçavoir s'il veut les voir descendre.

55. & 56. Pendant que les Compagnies se mettent en bataille; tant que les Tambours battent, les Officiers se tiennent à leurs postes, ne quittant point l'Esponton.

57. Les Capitaines ayant posté la manche à la teste de laquelle ils arrivent, quittent leurs Espontons.

58. Quand le Colonel arrive, les Tambours appellent, les Capitaines & Officiers sont à leur devoir; & dés qu'il l'ordonne, les Compagnies qui descendent font un quart de conversion par manche à gauche, vont passer entre les Compagnies qui montent, les laissant à droit, & la grille à gauche, font un quart de conversion à droit sans saluër, pour sortir de la cour par le mesme chemin, & en mesme ordre qu'ils y ont entré.

59. Lorsque les Compagnies sont hors de la cour, elles vont se mettre entre les écuries & la grille du Château, où aprés avoir posé les armes à terre, elles vont rendre les casaques & attendre les Officiers.

60. Les Officiers vont s'accommoder & monter à cheval pour les venir joindre.

61. Le mesme Capitaine qui les a menées, les ramene.

62. L'Ayde-Major fera un contrôlle de ceux de la campagne qu'il

renvoyera

renvoyera de là, observant que ceux qui sont à Paris, quoy qu'ils ne logent pas à la Compagnie, ou qui passent par Paris, il faut que ceux-là menent le Drapeau au quartier.

Cet article regarde seulement le logement du temps present.

63. Toutes les Compagnies qui montent & descendent la garde à Versailles iront toûjours par le costé de Meudon; & tout Sergent ou Soldat qui pour monter ou descendre la garde, ira par le costé de Challiot, sera puni comme libertin.

64. Quand les Compagnies sont descenduës, le Major avertit le Commandant de l'ordre que j'ay donné concernant ce qu'il y a à faire pour ma sortie.

65. Pour peu qu'il ne pleuve pas, l'on fera mettre les armes en faisceau dans la cour, & le Major ou Ayde-Major prendra l'ordre du Commandant pour le temps qu'on peut donner aux Soldats pour aller manger.

66. Le jour que les Compagnies monteront la garde, elles ne feront pas l'exercice; mais tous les autres jours

j'ordonne qu'elles y aillent; ſçavoir, depuis la Touſſaints juſques à Paſques à deux heures aprés midy; & de Paſques à la Touſſaints à cinq heures du ſoir, ſans que ma ſortie ni mon retour puiſſent interrompre cela, ſans un nouvel ordre de moy.

67. Jamais les Compagnies n'entreront ni ne ſortiront de la cour du Chaſteau, que les Capitaines ne ſoient obligez d'eſtre à la teſte l'Eſponton à la main, juſques à ce qu'ils ſoient hors de la cour; aprés quoy ils peuvent quitter l'Eſponton, pour mener leurs Compagnies à l'exercice; tous les autres Officiers marchans à leurs diviſions.

68. Lorſque les Compagnies ſeront arrivées au terrein deſtiné pour l'exercice, le Major ou Ayde-Major les mettra en bataille, & demandera au Commandant s'il trouve bon qu'il en faſſe faire l'appel, & enſuite qu'il commence l'exercice, ce qu'il executera, & c'eſt le Major qui auſſi-toſt qu'il aura pris l'ordre de commencer, ſera le maiſtre de faire faire tels mouvemens qu'il jugera convenables, tant

& si peu qu'il voudra ; aprés quoy l'exercice estant fini il le dira au Commandant, pour sçavoir s'il trouve bon qu'on se retire.

69. Si je n'estois pas rentré, on iroit se poster pour estre à mon retour.

70. Quoy que je sois dehors, mon intention est que les Compagnies se retirent à l'entrée de la nuit, Hyver & Esté, sans attendre mon retour ; il n'y a que pour la Reine qu'elles attendent qu'elle soit rentrée.

71. Pendant l'exercice, le Major fera un extrait de la force des Compagnies, des Capitaines & Officiers qui y ont esté, pour le soir en rendre compte au Colonel ; & sera obligé toutes les fois que les Compagnies prendront les armes, d'avertir le Colonel des Officiers qui manqueront à s'y trouver, pour m'en rendre compte.

72. L'on observera de faire visiter toutes les sentinelles à chaque demie heure, par le Sergent, Caporal ou Anspessade de pose, & l'on ne mettra jamais de Mousquetaire en faction

qu'il n'ait de la meche.

73. Un Sergent ira toûjours mener les ſentinelles en faction, & avant que de les mener il les aſſemblera au corps de garde, les viſitera pour examiner s'ils ont ce qu'il faut, & s'ils ne ſont point yvres, il obſervera de n'en mener jamais en faction d'yvrognes ny quelqu'un à qui il manque quelqu'une des choſes ordonnées.

74. Si dans la viſite qu'on fait des ſentinelles on trouvoit quelqu'un qui ſe fuſt enyvré d'eau de vie eſtant en faction, celuy qui les viſite ira promptement au corps de garde pour le faire relever.

75. L'ordre eſtant donné, l'Ayde-Major de ſemaine le va porter au corps de garde; c'eſt à dire, le mot & le détail qu'il aura pris du Commandant de la garde; un Officier de chaque Compagnie ira avec luy.

76. Aprés avoir donné le détail aux Sergens, tandis que les Officiers font mettre les Compagnies en haye, il fait faire l'appel devant luy pour voir s'il n'y en a point qui s'en ſoit allé à Paris, & ſi il y en a un nombre, il en-

voyera sur le champ un Sergent de la Compagnie à Paris pour les arrester, lesquels on mettra en prison d'une garde à l'autre, observant de les ramener en garde, attachez avec dix mousquets sur le corps.

77. Nul Capitaine ayant monté la garde ne peut renvoyer nul Soldat à Paris pendant la garde qu'avec la permission du Colonel, & les fera voir au Major, afin de les comprendre dans l'extrait, sans quoy le Major ne les passera point.

78. Les Compagnies estant au rendez-vous pour monter la garde ou dans le chemin, s'il s'y trouve quelques malades, le Sous-Ayde-Major les renvoyera & en fera un extrait, afin de le donner au Major à Versailles; cet extrait sera fait fidellement par le Sous-Ayde-Major, sur peine à luy d'en répondre, & n'y comprendra que ceux qu'il trouvera en estat de ne pouvoir marcher.

79. La veille des gardes, le premier Sergent ira à la prison, fera un extrait des prisonniers des Compagnies qui montent la garde, le cachetera

aprés l'avoir signé, & le donnera au Sergent d'affaires de la Compagnie pour le remettre és mains du Major.

80. Le Tambour-Major ira la veille des gardes aux deux Hôpitaux de l'Hostel-Dieu & la Charité, pour faire l'extrait des malades qu'il peut y avoir des Compagnies qui montent; c'est seulement de ceux qui sont au lit; & aprés en avoir pris les noms, il signera son extrait & le donnera cacheté à un Sergent des Compagnies qui monte, lequel le portera au Major, ou à l'Ayde-Major en service prés de ma Personne.

81. Dans l'extrait de la garde on fera un article, des malades, c'est à dire, de ceux que le Sous-Ayde-Major certifie avoir renvoyez, & de ceux qui seront marquez dans l'extrait du Tambour-Major aux deux Hôpitaux de l'Hostel-Dieu & la Charité, ces deux articles ensemble & un article des prisonniers, & joindra le tout au total.

82. Jamais un Sergent ne battra un Caporal ny anspessade, sur peine à luy d'estre mis en prison; mais lors

qu'ils trouveront un Caporal ou Anspessade en faute, ils le mettront en prison & en avertiront le Major & son Capitaine.

Service de Marly.

83. L'on fait un detachement de la garde de Versailles, de deux cens vingt Fusiliers ou Mousquetaires avec deux Capitaines, deux Lieutenans, un Sous-Lieutenant & un Enseigne avec huit Sergens & huit Tambours.

84. C'est le Commandant de la garde qui va toûjours à Marly, & le second Capitaine roule avec ses camarades.

85. Les Officiers vont à tour de rôlle, roulans ensemble chacun dans leur garde.

86. Le Commandant de la garde de Marly envoye l'ordre tous les soirs à Versailles, & pour cela, le Colonel ou Commandant de la garde en son absence prendra le mot de bonne heure.

87. La garde de Versailles est toûjours sensée ma garde, & n'a d'honneur à rendre qu'à ceux à qui elle en

doit dans ma presence.

88. Ce détachement part de Versailles pour arriver avant ma Personne à Marly.

89. Quand ce détachement est arrivé à Marly, on le separe en deux troupes égales : Le premier Capitaine va au grand corps de garde de Marly, & le second reste en haut au corps de garde de Versailles.

90. Pendant le jour il n'y a que deux corps de garde ; celuy d'enbas qu'on appelle de Marly a trois sentinelles, sçavoir deux à la porte de Marly, & une au corps de garde.

91. Celuy d'enhaut à trois sentinelles, une à la grille d'enhaut, une à celle d'enbas, & une autre au corps de garde.

92. A l'entrée de la nuit, le corps de garde d'enhaut détache deux Sergens & quarante Soldats qui vont par dans le parc aux deux petits corps de garde du grand Jet, qui ont pendant la nuit sept sentinelles.

93. Le corps de garde de Marly fait à l'entrée de la nuit un détachement d'un Sergent & vingt hommes, pour

pour la porte de Marly qui a cinq ſentinelles ; un détachement pareil pout la porte de ſaint Germain qui a cinq ſentinelles ; un autre détachement de deux Sergens & ſoixante hommes pour le grand corps de garde des Offices qui a ſept ſentinelles ; ne reſtant la nuit que dix hommes au grand corps de garde de Marly.

94. A une demie heure de jour tous ces petits corps de garde ſe retirent à leurs poſtes de jour.

95. Il eſt deffendu tres-expreſſement aux détachemens de mener pas un chien avec eux.

96. A minuit on commence la premiere viſite des ſentinelles.

97. Les deux Officiers qui couchent au grand corps de garde de Marly, viſiteront les dix ſentinelles de la porte ſaint Germain, & de la porte de Marly, l'un à minuit, & l'autre à une heure ; les deux Sergens & les deux Caporaux de ces deux corps de garde recevront du Major l'heure qu'ils devront faire chacun leur ronde ; ſçavoir, à deux, trois, quatre & cinq heures aprés minuit.

98. Au corps de garde des Offices ; l'Ayde-Major à minuit fera la visite des sentinelles du grand Jet & des Offices ; à une heure l'Officier Suisse ; les deux Sergens François & les deux Suisses feront les rondes à deux, trois, quatre & cinq heures, leur estant fixées par le Major.

99. Deux Officiers François & un Suisse, avec trois Sergens, font les rondes aux sentinelles du corps de garde de Versailles, aux mesmes heures que les autres.

100. Les Sergens auront grand soin de contenir les Soldats la nuit dans leurs corps de garde, afin qu'ils ne rodent pas dans le parc.

101. Il faut tout le jour qu'il y ait du corps de garde de Marly, un Sergent & quatre Mousquetaires qui fassent incessamment la patroüille dans le bourg de Marly, pour empêcher que les Soldats ne fassent du desordre.

102. Le corps de garde d'enhaut en fera autant au Village de Lucienne pendant le jour.

103. Quand la garde de Marly sera relevée, les détachemens qui sont des

Compagnies des quartiers du Faux-bourg saint Germain reprendront le chemin par Versailles & par Meudon, & ceux qui sont des Compagnies du costé de Montmartre prendront le chemin par Roquencour & S. Cloud.

Service du Regiment à Paris.

104. J'ay reglé la taille des Soldats à cinq pieds quatre pouces.

105. Lors qu'on enrolle un Soldat, on le mene chez Perelle Commissaire à la conduite, qui le fait déchausser & luy donne des mules faites exprés, afin de voir sans supercherie s'il est de la taille que j'ay ordonnée.

106. Tous les Soldats enrollez pendant la Semaine, sont ramenez les Mercredis chez ledit Commissaire, où le Major se trouve à dix heures du matin pour examiner s'ils sont bons; & s'il en trouvoit qui eussent esté reçûs pendant la Semaine & qui ne fussent pas bons, (d'accord avec ledit Commissaire,) il les fera rayer de sur le livre du signal.

107. Il s'y trouve un Sergent de chaque Compagnie pour recevoir les

ordres, & pour rendre compte de ce qui se passe dans la Compagnie, dans son quartier & autres choses qui peuvent regarder mon service.

108. S'il y a quelque plainte, soit d'une Compagnie à une autre, des Soldats aux Bourgeois, ou des Bourgeois aux Soldats, chacun y vient porter sa plainte, à quoy le Major remedie comme il le juge à propos, & en rend compte ensuite au Colonel, ou au Lieutenant-Colonel en son absence.

109. Si le Lieutenant-Colonel ou Commandant naturel en l'absence du Lieutenant-Colonel se veulent trouver chez le Commissaire les Mercredis, cela depend d'eux, c'est eux qui ordonneront au Major ce qu'il faudra pour remedier aux plaintes qu'on y fera, & mesme pour regler tout ce qui regardera le Regiment, à moins que le Major n'eust mes ordres, ou du Colonel, desquels il fera part au Lieutenant-Colonel ou Commandant naturel.

110. Mais quant à la reception des hommes pour estre enrollez, c'est le

Commissaire & le Major de concert qui les reçoivent, & en rendent compte au Colonel ou à moy en son absence.

111. L'on ne recevra jamais d'étrangers dans le Regiment, pas mesme ceux qui sont ou qui se disent de Strasbourg, d'Alsace, de Savoye, du Piedmont & Pignerol, ni des hommes de cinquante ans ou au dessus, ni ceux qui sont au dessous de dix-huit ans.

112. Le Major va à Paris tous les Samedis, aprés avoir pris le détail (pour la semaine) du Colonel, & ce jour-là il se trouve chez luy les Sergens d'affaires de chaque Compagnie, pour rendre compte de ce qui s'est passé depuis le Mercredy,

113. Ce sera toûjours le mesme Sergent qui ira les Mercredis & les Samedis à l'ordre, à moins qu'il ne soit incommodé, auquel cas il en avertira ses camarades, pour qu'il y en aille un autre.

114. Les Sergens rendent compte au Major, si ce qu'il leur a ordonné au dernier ordre est executé, tant pour

l'habillement ordonné, qu'autre chose.

115. Le Major remedie aux desordres ou plaintes, dont il a connoissance ce jour-là, pour en rendre compte au Colonel.

116. Quand il arrive un desordre, soit dans les quartiers ou ailleurs, qui a relation avec les Soldats, les Sergens seront obligez d'en avertir le Major préferablement au Capitaine, ni à personne, sur peine d'estre punis rigoureusement; & pour peu que la chose soit de consequence, si le Major est prés de ma Personne, le Sergent luy écrira ce qui est arrivé, & luy envoyera aussi-tost par un Soldat, afin que je puisse en estre instruit par le colonel, à qui le Major en rendra compte.

117. Si les Sergens n'ont pas toute l'exactitude necessaire pour cela, le Major les fera mettre en prison.

118. Les logemens seront donnez au premier jour de Janvier à tous les Soldats; sçavoir, jusques à cent trente par chaque Compagnie, supposé qu'ils les ayent, ce que le Maréchal

des Logis verra par les revûës ; & cela s'executera jusques à ce que je juge à propos de les faire entrer dans les Casernes.

119. La veille que les Compagnies devront partir pour faire revûë, ou aller en garde, chaque Soldat sera obligé de coucher au logement qui luy est donné dans son quartier, afin de partir & marcher en bon ordre.

120. Quand les Compagnies reviendront de la garde, tous les Soldats rameneront le Drapeau au quartier, & coucheront dans leurs chambres.

121. Si les Capitaines leur donnent congé pour aller à leur campagne, ils laisseront leurs armes dans leur chambre, afin qu'on ne trouve aucun Soldat armé le long des chemins.

122. Le Mareschal des Logis donnera un controlle du logement au Colonel, & un au Major.

123. Les Fourriers de chaque Compagnie donneront un controlle au Major, & nul changement ne se fera dans les logemens de leurs Compagnies, que les Fourriers ne luy en rendent compte.

124. Si quelque Soldat est trouvé dans les chemins avec sa bandoüillie-re, son mousquet, pique ou fusil, il sera puni comme libertin, parce qu'il est dit qu'ils les laisseront dans leurs chambres.

125. Quand mon Fils le Dauphin ira à la Foire, Opera ou Comedie à Paris, moy n'y estant point, il y aura toûjours une Compagnie pour sa Garde, avec le Drapeau, & les Tambours battront aux champs.

126. Les Compagnies feront ces gardes là à tour de rolle.

127. L'on continuëra de donner les vingt hommes à l'Opera à l'ordinaire.

128. Il y aura (lors que tout le Regiment sera à Paris) une garde de huit hommes sans armes, sinon leurs épées, & un Sergent avec sa hallebarde sur le Pont-Neuf, & autant sur le Pont de la Tournelle, pour empescher les jeux & les assemblées, où les Soldats se meslent pour faire des desordres, les faire retirer & empescher que les Soldats, sur tout ceux de ses Gardes ne prennent du bois aux char-

rettes qui passent, & s'il s'y commet quelque desordre où il y ait des Soldats, & que le Sergent de garde n'y remedie pas, & n'en avertisse pas le Major, il sera puni.

129. L'on battra la retraite tous les soirs à huit heures l'hyver, & à neuf heures en esté, aprés quoy si les Patroüilles qui se feront, trouvent des Soldats dehors, ils seront menez en prison, à moins que ce ne fust des travailleurs qui se retirent sans épée.

130. Mon intention est que ma Declaration du Decembre 1666. soit observée & publiée nouvellement ; sçavoir, que les Soldats ne pourront aller plus de quatre ensemble, conformement à mon Edit ; mais à l'égard d'estre retirez, quoy qu'il soit dit dans l'Edit qu'ils seront retirez à six heures du soir, depuis la Toussaints jusques à Pasques, & à neuf heures depuis Pasques jusques à la Toussaints, mon intention est que la retraite ne se battra qu'à huit heures du soir l'hyver, & à neuf heures l'esté ; & si aprés les heures marquées ils sont rencontrez

avec armes & épées, ils seront mis en prison, & poursuivis suivant la rigueur de mes Ordonnances.

131. Ma volonté est aussi que tout Soldat qui sera arresté dans quelque desordre, lequel sera avec un autre habit que celuy de Soldat soit envoyé aux galeres; & pour cela, mon intention est qu'ils soient arrestez par les Officiers ou Sergens qui les rencontreront, & par les Gardes des Ponts qui y sont établis; ma volonté estant que tout soldat soit toûjours habillé de son habit de Soldat, portant son épée, n'estant permis qu'à ceux qui vont travailler de changer d'habits.

132. Ce qu'il faut publier à la teste de chaque Compagnie.

133. Estant à Versailles ou autres Maisons Royales, prés de Paris, nul Soldat ne montera ma garde qu'avec des mousquets, afin d'éviter une partie des desordres qui arrivent par la facilité de tirer un fusil, à la reserve pourtant des deux Compagnies de Grenadiers qui auront leurs fusils.

134. Lorsque les Casernes seront

faites, il logera cinq Compagnies dans chaque Caserne, hors dans deux, où il y en aura six à chacune.

135. Il logera dans chaque Caserne un Capitaine & un Officier de chaque Compagnie avec un Ayde ou Sous-Ayde-Major.

136. Les Capitaines & les Officiers se releveront tous les huit jours.

137. L'Ayde-Major y demeurera toûjours.

138. Tous les jours à dix heures du matin, on y montera une garde d'un Sergent & douze hommes.

139. Le Sergent tiendra un controlle des Soldats qui se retireront aprés la retraite battuë, qui battra tous les soirs depuis la Toussaints jusques à Pasques à huit heures du soir, & depuis Pasques à la Toussaints à neuf heures.

140. Les Tambours battront la retraite jusques à cinq cens pas autour des Casernes.

141. Un Sergent par Compagnie fera la visite tous les matins à sept heures, pour voir si les Soldats ont soin de faire balayer leurs chambres & les

montées, & porter leurs ordures au bas de leur porte, où il viendra deux fois la semaine des charrettes de la Ville pour les emporter.

142. Les jours que les charrettes viendront, le Sergent de garde aura soin de faire charger toutes les ordures & faire tenir la cour fort nette.

143. Aussi-tost aprés la retraite battuë, les Sergens feront l'appel de leurs Compagnies, & donneront à l'Ayde-Major les noms de ceux qui manqueront, lequel Ayde-Major les fera mettre en prison aussi-tost qu'ils arriveront; & s'informera pour quelle raison ils ont decouché, & en rendra compte au Major & au Capitaine de garde aux Casernes.

144. Le Sergent de garde aura la clef de la porte & ne laissera sortir pas un Soldat le matin pour aller au travail avec l'habit de Soldat ni épée; Voulant que ceux qui voudront travailler, ayent d'autres habits que ceux de Soldat pour aller au travail.

145. A l'égard de ceux qui ne travaillent pas, le Sergent n'en laissera sortir pas un de travesti, ni à qui il

manque des cravates & du linge.

146. Il ne laissera sortir nul Soldat ni autre homme portant des hardes, qu'il ne sçache ce que c'est ; crainte que ce ne soit des fournitures.

147. Ceux à qui les Capitaines donneront congé pour aller à la campagne, estant des environs, ils n'emporteront jamais leurs armes, mais seulement leurs épées, & ne manqueront jamais de coucher aux Casernes la veille que les Compagnies en partiront & le jour qu'elles y reviendront.

148, Quand les Compagnies partiront de Paris, le Commissaire & le Major avec le Concierge de chaque Caserne, feront la visite des fournitures qu'on laisse ; & s'il s'en trouve de perduës, ils les estimeront sur le champ pour les faire payer par les Compagnies qui les auront perduës.

149. Lors que les Compagnies arriveront à Paris, le Concierge des Casernes donnera au Fourrier de chaque Compagnie le nombre de fournitures necessaires, le tout par compte & par un estat signé du premier Sergent, du Fourrier & du Concierge,

qui sera fait double, le Concierge en gardant un, & le Sergent l'autre.

150. Il se fera trois patroüilles dans chaque quartier, sçavoir une à dix heures, une à onze, & une à minuit; chacune de ces patroüilles rodera dans son quartier.

151. Les Sergens seront diligens à courir aux desordres qui arrivent dans les quartiers, & deffendront tres-severement la chasse aux Soldats.

152. Un Sergent ira avec six Mousquetaires tous les soirs en commençant la patroüille à la prison de l'Abbaye saint Germain, pour sçavoir du Geolier si les Soldats prisonniers ne font pas de desordre; & sur tout pour des bien-venuës que les anciens demandent à ceux qu'on y mene nouvellement; auquel cas si le Geolier s'en plaint, le Sergent luy donnera main forte pour mettre ces fripons-là dans le cachot.

153. Il sera deffendu au Geolier des prisons de laisser entrer nulle femme pour visiter les Soldats prisonniers, ni de souffrir qu'il leur soit donné nulle charité de vivres ni autre

chose dans ladite prison.

154. Tout Soldat qui sera mis en prison par les Officiers du Regiment par faute de discipline, ne peut estre écroüé ni transferé par la Justice.

155. Les Sergens des Compagnies qui sont aux extremitez de Paris, feront des visites toutes les semaines aux villages qui ne sont qu'à un quart de lieuë ou demi-lieuë de leur quartier, pour s'informer si les Soldats n'y vont point faire du desordre ; & sçauront des Gardes-Chasse qui sont dans ces lieux, s'ils se plaignent des Soldats, & s'ils sçavent les noms & les Compagnies d'où ils sont.

156. Les Gardes-Chasse feront leurs plaintes aux Sergens des quartiers voisins ; & s'ils ne leur font pas justice, ils en avertiront le Commandant ou le Major.

557. Pendant la Foire saint Germain & celle de saint Laurens, il y aura des Sergens pour se promener jusques à ce qu'elle ferme ; ils auront l'habit du Regiment ; afin que les Soldats puissent les connoistre ; c'est pour faire retirer ou arrester les Sol-

dats qui feront du desordre, sans se mesler de ce que d'autres libertins ou filous pourroient faire.

158. Il y aura tous les jours un Sergent qui ne bougera du quartier de sa Compagnie, & qui y restera comme estant de garde tour à tour, pour veiller aux desordres ou plaintes qui peuvent y arriver.

159. Lors que les Archers de la Justice iront dans les quartiers pour y prendre des Soldats, soit qu'ils y viennent tous seuls, ou qu'ils ayent pris la precaution d'avoir un Archer des Bandes, il ne leur sera fait nul empeschement; ains au contraire mainforte & assistance.

160. Lors que les Compagnies partiront pour aller en campagne, si les Capitaines laissent des Soldats, soit pour en avoir plus que leur nombre, ou de malades; ils les feront venir chez le Commissaire où se trouvera celuy qui fera la Charge de Major, dont ils feront un controlle; ils prendront leur demeure, afin que lors qu'on les accusera de faire des desordres, on sçache où les trouver; & par

par ce moyen on sçaura les Soldats qu'on laissera à Paris, & les raisons pourquoy.

161. Mon intention est que tous les Soldats qu'on laissera à Paris n'y resteront au plus que la moitié de la campagne; Voulant que si le Capitaine en a plus que son nombre, ou qu'il en ait d'incommodez, il fasse joindre ceux qu'il a laissez à Paris & en renvoye pareil nombre de ces incommodez; supposé qu'il soit plus que complet, l'on avertira le Commissaire & le Major de ces changemens.

Service de Fontainebleau.

162. Les Compagnies sont menées de Melun à Fontainebleau avec les mesmes precautions que de Paris à Versailles & ramenées de mesme.

163. L'on observe les mesmes choses & mesme regularité qu'à Versailles, & ainsi de mesme dans tous les lieux d'où la garde part pour aller monter ma garde.

164. Tandis qu'il n'y aura que les mesmes corps-de-garde de la cour des cuisines & cour en ovale,

l'on met les deux tiers de la garde à celuy de la cour des cuisines, & l'autre tiers à celuy qui est entre la cour en ovale, & celle des fontaines.

165. Les Gardes Françoises ne vont jamais se poster dans la cour du cheval blanc, à moins que je ne le commande, laissant cela pour les gardes Suisses, & les Suisses ne vont se poster jamais hors la cour du cheval blanc, si je ne l'ordonne.

166. Les sentinelles Françoises sont jusques au tourniquet en descendant l'escalier du fer à cheval pour entrer dans la cour du cheval blanc, où il y en a une Françoise & une Suisse.

167. Les sentinelles Françoises & Suisses sont encore meslées dans la cour des fontaines.

168. La garde des Gardes Françoises se monte dans la cour des fontaines.

169. Quand je sors par l'allée du chenil venant de la Chapelle ou cour des fontaines, on met un Sergent sur chaque rampe de l'escalier de la cour des fontaines, & quatre Sergens sous la porte qui sort dans l'allée, les

Compagnies à la file aux deux costez le long de l'allée du chenil.

170. Quand je descend par l'escalier de la cour des fontaines pour monter à cheval ou en carrosse, on ne met nul Sergent sur cet escalier d'un costé ni d'autre.

171. Si je passe par la porte du bout de l'allée, on y met deux Sergens dessous, ou le Major, pour empescher que personne inconnu n'y demeure quand je passe.

172. Quand je sors ou rentre par la cour en ovale pour aller par l'allée du chenil, le Major se met sous le portique de la porte qui sort de la cour, & aura soin qu'il ne s'y mette personne.

173. Quand je sors de la cour en ovale pour passer dans la cour des fontaines & aller à celle du cheval blanc, les Compagnies demeurent en deux hayes le long de l'allée, & l'on met quatre Sergens sous la voûte qui entre dans la cour des fontaines.

Service de l'Armée.

174. Le Regiment garde toûjours

le General, à moins que je ne l'aye ordonné autrement.

175. Quand le Regiment est en garde chez le General, cette garde ne prend les armes que pour luy.

176. Quand il garde quelqu'un par mon ordre, cette garde ne prend les armes que pour celuy qu'il garde.

177. Quand le General passe aux postes du Regiment, ou du long de la ligne, les corps-de-garde prennent les armes, & les Tambours appellent ou battent aux champs, suivant ce qui est reglé pour sa garde.

178. Quand les Princes du Sang ou Legitimez de France, quoy qu'ils n'ayent pas d'autre caractere, passent aux postes ou le long de la ligne; les corps-de-garde prennent les armes, & les Tambours appellent.

179. Le Regiment fait le service avec tout le reste de l'Infanterie également avec eux, conformement à mon Ordonnance qu'on trouvera cy-dessous.

De par le Roy.

180. Sa Majesté voulant pourvoir

à faire cesser les difficultez qui se sont rencontrées jusques à present dans le service de ses Gardes Françoises & Suisses, & temoigner en mesme temps à ses Regimens la satisfaction que Sa Majesté a de leurs Services; Sa Majesté a ordonné & ordonne, Que les Capitaines desdits Regimens qui se trouveront commandans dans les Armées lesdits Regimens, soit qu'ils soient Lieutenans-Colonels ou Capitaines desdits Regimens, & qui n'y serviront point d'Officiers generaux, tiennent rang de Colonels des Gardes Françoises & Suisses; en cette qualité commandent tous les Colonels d'Infanterie: Que les autres Capitaines desdits Regimens tiennent rang de derniers Colonels, & soient detachez, & fassent le service en cette qualité: Que lors que lesdits Regimens monteront la tranchée, il n'y aura point de Brigadier qui ne soit de leurs Corps; mais qu'en toute autre occasion que celle-là, soit que les Corps marchent entiers ou par detachemens, ils obeïront sans difficulté à tous les Brigadiers de l'Armée ; les Soldats & Officiers desdits Regimens feront le service conjointement avec les autres Troupes sans aucune distinction, si ce n'est que les détachemens desdits Regimens auront la droite, & qu'à la reserve de ce qui est porté par la presente Ordonnance, concernant le rang des Commandans desdits Regimens, & le seul cas de la tranchée, les Ordonnances de Sa Majesté cy-devant expediées pour le rang des Officiers desdits Regimens de ses Gardes avec ses autres Troupes, seront executées. Ordonne Sa Majesté à ceux qui feront la fonction de Majors Generaux de ses Armées, de tenir la main à l'execution de ce qui y est contenu de l'intention de Sa Majesté, leur défendant sous peine de luy deplaire, de souffrir qu'il y soit contrevenu. Mande & ordonne Sa Majesté à ses Lieutenans Generaux commandans ses Armées, de tenir la main à l'entiere execution de la presente Ordonnance. Fait au Camp devant Mons le vingt-septiéme Mars 1691. *Signé* LOUIS. *Et plus bas,* LE TELLIER.

181. Dans l'execution de cette Ordonnance, les Colonels de l'Armée voulurent disputer que le rang de premier Colonel regardoit directement ceux qui commandoient les Regimens des Gardes Françoises & Suisses, quand mesme ils seroient Maréchaux de Camp ou Brigadiers. Le Major General ayant mandé la dispute au Marquis de Louvois Secretaire d'Estat de la Guerre, je luy ordonnay de mander que mon intention estoit que le premier Capitaine aux Gardes sans grade d'Officier General, joüiroit de la prerogative de premier Colonel.

182. Les Colonels disputerent encore que le premier Capitaine aux Gardes se trouvant Capitaine de Grenadiers, & ayant esté detaché à son tour comme premier Colonel, & ensuite se trouvant détaché comme Capitaine de Grenadiers, il ne pouvoit tenir rang de premier Colonel; comme cela les mettoit hors d'état de commander jamais les Grenadiers tandis que ceux des Gardes y seroient, le Major General en écrivit au Marquis de Louvois, qui m'en ayant

rendu compte, je luy ordonnay de mander que mon intention estoit que le Capitaine des Grenadiers des Gardes se trouvant naturellement le premier Capitaine du Regiment, joüiroit par tout où il seroit détaché, de la prerogative de premier Colonel.

183. En entrant en campagne le Major doit avoir eu soin que chaque Fourrier ait son cordeau marqué dans les distances ordinaires; sçavoir, dix-huit pieds de distance du front de bandiere aux piques, & autant des piques aux Mousquets.

184. Le Major ne mene jamais au Campement que trois Sergens par Bataillon, lesquels ont un cordeau de front de bandiere pour chaque Bataillon.

185. L'Ayde-Major nomme un Sergent par chaque Bataillon, pour la propreté du Bataillon & de son Camp.

186. Quand on est dans un Camp de sejour, l'assemblée, ou retraite est battüe par tous les Tambours du Regiment, aller & venir le long du Regiment.

187. Quand ce n'est qu'un Camp de passage,

passage, les Tambours de chaque Bataillon battent seulement le long de leur Bataillon.

188. Toutes les gardes qu'on tire du Regiment s'assemblent au centre du Regiment, d'où elles vont chacune à leurs postes.

189. Les Aydes-Majors & Sous-Aydes-Majors camperont toûjours au Regiment sans qu'il leur soit permis de s'en écarter.

190. Les deux Compagnies de Grenadiers seront partagées dans les marches en quatre, afin qu'il y en ait à chaque Bataillon, lesquels marcheront à la teste de chacun; mais estant arrivez au Camp, les Compagnies se rassembleront & chaque Compagnie de Grenadiers campera; sçavoir, si les Capitaines des Grenadiers sont commandans le Bataillon, leurs Compagnies camperont à la droite de leurs Bataillons; s'ils ne sont point commandans du Bataillon, la premiere Compagnie campera à la droite du premier Bataillon, & la seconde à la droite du second.

191. Les Capitaines de Grenadiers ne

commanderont jamais de Bataillon.

192. J'ay accordé à ceux qui y sont de commander des Bataillons, mais à l'avenir je ne permettray plus qu'ils en commandent, & lors qu'ils deviendront Commandans naturels des Bataillons, ils opteront d'estre Capitaines des Grenadiers ou Commandans de Bataillon.

193. Il y aura toûjours dans le Camp cinquante hommes de piquet, lesquels auront leurs armes en faisceau à la droite du Bataillon.

194. Le piquet ne sortira point pour se mettre en haye que pour le General.

195. Lorsque le General passera, le piquet ira se mettre sans armes dans l'intervalle à la droite du Bataillon à quatre de hauteur, le premier rang ne débordant pas l'alignement des Tentes des Soldats.

196. Quand mesme je serois à l'armée, ce piquet ne prendroit pas les armes & ne feroit que se mettre en haye comme pour un autre General.

197. Ces cinquante hommes en arrivant au Camp, seront mis à la teste de chaque Bataillon cent pas devant

avec leurs armes, où l'on les laissera deux heures aprés estre arrivez, afin que le Camp ne reste pas sans personne, tandis que les Soldats vont à la paille.

Reglement pour la paye des Officiers & Soldats, tant pour leurs lits, que les paillasses des Soldats à ma garde.

198. Il ne sera plus souffert nul Vivandier dans les corps-de-garde.

199. Les Soldats ne payeront jamais que deux liards chacun pour leurs paillasses pendant leur garde, soit de trois ou quatre jours également; & les Sergens ne pourront retenir d'avantage à chaque Soldat, sur peine d'estre punis; si bien que les Compagnies estant sur le pied de cent vingt, elles payeront soixante sols par garde; & lors que les Compagnies augmenteront ou diminueront, ce prix là augmentera ou diminuera à proportion.

200. Il sera donné quarante-deux paillasses par Compagnie, c'est à dire trois Soldats par paillasse.

201. C'est le Capitaine des corps-de-garde, nommé Triboulot, qui aura soin de la fourniture desdites paillasses, &

qui ne ſera point oſté ſans mon ordre.

202. Quand aux Capitaines & Officiers, ils ne payeront dorénavant que dix ſols par nuit ; ce ſera le Concierge qui y eſt étably pour la conſervation des meubles, nommé Laumagne, qui en fera la recette, ſur laquelle il prendra cinq cens livres de gages que je luy accorde comme il avoit cy-devant ; & du reſte il en fera la dépenſe neceſſaire, tant pour le blanchiſſage & pour rebattre les matelats tous les ans, que pour l'entretien des lits, draps & autres meubles du corps-de-garde, & les renouveller quand il en ſera neceſſaire.

203. Ce Concierge ne ſera point changé que par mon ordre.

204. Si les Officiers donnent des billets audit Concierge pour ſon payement, ils luy ſeront payez par le Treſorier du Regiment en les luy portant.

Reglement pour l'extrait de la garde, & pour prendre le mot.

205. L'extrait de la garde en l'abſence du Colonel m'eſt donné par le Major.

206. Le Lieutenant-Colonel ou Commandant, en l'absence du Colonel aura un extrait de la garde, où il sera mis au haut & au dessus (copie de l'extrait de la garde) lequel luy sera donné par le Major.

207. Si le Commandant est moins ancien que le Major, il n'aura point de copie de l'extrait de la garde.

208. Quand le Major revient de Versailles pour donner l'ordre à Paris les Samedis, il passera chez le Lieutenant Colonel pour l'instruire de l'ordre qu'il va donner par l'ordre du Colonel; s'il ne le trouve pas chez luy, aprés avoir donné l'ordre il le luy envoyera par un Ayde ou Sous-Ayde-Major.

209. Si c'est un Capitaine moins ancien que le Major, il ne le fera avertir que par son Sergent, comme les autres Capitaines.

210. Si c'est un Ayde-Major qui fasse la charge de Major, le Major estant absent, il passera en arrivant à Paris chez le Commandant naturel du Corps, & s'il ne le trouve pas, il ira donner l'ordre, & aprés cela il luy

en envoyera une copie par écrit.

211. Le Colonel ayant pris le mot de moy, le donne au Capitaine de garde pour sa garde, & au Lieutenant-Colonel pour le Regiment, le Lieutenant-Colonel le donne au Major.

212. Quand le Lieutenant-Colonel n'y est pas, le Major ou Ayde-Major en son absence le prend du Colonel.

213. Quand le Major y est, l'Ayde-Major reçoit le mot du Major, & le prend aussi du Capitaine commandant la garde, avec le détail.

214. Quand le Major n'y est pas, l'Ayde-Major prend le mot du Lieutenant-Colonel, ou du Commandant naturel du Corps, qui se trouve prés de ma Personne, en l'absence du Calonel ou Lieutenant-Colonel; & prend toûjours le mot & le détail du Commandant de la garde, pour le donner aux Sergens.

215. Le Lieutenant-Colonel estant de garde, ou estant prés de moy en l'absence du Colonel, prend le mot de moy, & le donne au Major ou Ayde-Major en son absence.

216. Le Capitaine ou mesme un

Officier commandant la garde, le prend de moy, le Lieutenant-Colonel n'ayant rien à ordonner sur la garde.

217. En l'absence du Colonel & du Lieutenant-Colonel; le Major prend le mot de moy.

218. Quand le Colonel & Lieutenant-Colonel sont dans un éloignement à ne pouvoir estre censez Commandans du Corps qui est prés de ma Personne, le Commandant naturel qui s'y trouve, s'il est plus ancien que le Major, prend le mot de moy, & le donne au Major.

219. Si le Major est le plus ancien, il le prend de moy.

220. Quand le Commandant du Corps sera à Paris, quoy qu'il y ait à la garde des Capitaines plus anciens que le Major, le Major prendra le mot de moy; si ce n'est que le Commandant du Corps fust de garde.

221. Quand je suis à Saint Germain, Versailles, Marly, ou autres Maisons Royales, & que le Colonel est à Paris, il est toûjours censé present.

222. Lors que je sors, & que le

Colonel se met à la teste de la garde; le Lieutenant-Colonel peut se mettre à costé de luy, deux pas plus reculé que le Colonel.

223. Quand le Colonel ne se met pas à la teste de la garde, le Lieutenant-Colonel n'a nul droit de s'y mettre, n'ayant nul commandement sur elle.

Reglement pour empescher qu'on ne se prenne des hommes d'une Compagnie à l'autre, observé depuis long-temps dans le Regiment.

224. Quand un Soldat sort d'une Compagnie, soit par congé ou convention faite avec le Capitaine, ce Soldat ne peut entrer dans une autre Compagnie du Regiment, que deux ans aprés avoir quitté l'autre; & si avant ce temps fini, il a pris parti dans une autre Compagnie, & que le Capitaine d'où il est sorti le redemande; l'autre est obligé de le luy donner, en luy rendant ce qu'il luy a coûté.

225. Lors qu'un Soldat a esté mené chez le Commissaire pour une Com-

pagnie, & que parce que l'on l'aura mal mesuré il sera refusé; si huit ou quinze jours aprés il est ramené chez le Commissaire pour une autre Compagnie, & qu'il soit reçeû; si celuy qui l'a mené le premier verifie cela, il luy sera rendu en rendant l'enrollement.

Reglement pour les Grenadiers.

226. Les trente Compagnies du Regiment rempliront les deux Compagnies de Grenadiers à tour de rolle à mesure qu'il en manquera, & le Commandant du Regiment aura soin de les rendre complettes aussi-tost qu'il en manquera, comme il s'ensuit.

227. Mon intention est que lors qu'une Compagnie devra fournir des Grenadiers, le Capitaine de cette Compagnie oste des rangs les trois Caporaux, neuf Anpessades, le Chirurgien & cinq hommes tels qu'il voudra, aprés quoy le Capitaine des Grenadiers choisira sur tout le reste de la Compagnie.

228. Le Commandant ou le Major feront avec le Capitaine des Grena-

diers, pour l'obliger à ne prendre que des Soldats qui ayent servi au moins cinq ou six ans, sans s'arrester à la taille, à l'habit neuf, ni au lieu de la naissance.

229. Comme il y a trop d'embarras à payer ceux qui desertent, & à prendre gratis ceux qu'on perd au service pour estre tuez.

230. Ma volonté est que dorénavant les Capitaines de Grenadiers payent tous les Soldats dont ils auront besoin, tuez ou perdus, de quelque maniere que ce soit; & pour cela, j'ordonne qu'ils payeront cinquante francs de chaque Grenadier qu'ils tireront des Compagnies.

231. Ils prendront le Soldat habillé tel qu'il sera, hors le ceinturon, l'épée, la bandoüilliere, la poire, les rubans & les armes.

232. L'on ne pourra de part ni d'autre faire nulle dispute sur l'habit vieux ou neuf, on le prendra tel qu'il sera.

233. Le Commandant & le Major ou Ayde-Major en son absence, auront le contrôlle des deux Compagnies de Grenadiers, où sera le nom

& surnom de tous les Grenadiers, & le Commandant & le Major en feront l'appel à toutes les revûës, afin d'estre toujours instruits fidellement de ce que deviendront les Grenadiers.

234. Dés qu'il en manquera, soit à Paris ou en campagne, le Commandant aura soin de les faire remplacer aussi-tost.

235. Il faut faire publier à la teste des deux Compagnies, que tout Grenadier qui est un mois absent de sa Compagnie sans Congé, sera declaré deserteur.

236. Le Capitaine de Grenadiers ne pourra demander des Grenadiers aux Compagnies, pour remplacer des absens, qu'à mesme temps il ne declare & fasse mettre sur le livre des Deserteurs les libertins qu'il veut remplacer; & l'Ayde-Major sera chargé de cette declaration qui sera signée du Capitaine & du Commandant du Corps, pour l'envoyer à celuy qui est chargé du livre des Deserteurs.

237. Nul congé de Grenadier ne sera bon qu'il ne soit signé du Colonel & du Capitaine, ou en l'absence de

Colonel, il faut que le Commandant du Corps & le Major ou Ayde-Major en son absence, le signent avec le Capitaine de la Compagnie.

238. Les Grenadiers qui sont en campagne, lors qu'il en manquera, seront remplacez par les Compagnies qui sont avec eux, supposé qu'on fust hors de portée d'en faire venir des Compagnies plus éloignées lors qu'elles sont en tour de fournir.

239. Il sera marqué sur le controlle du Major ou Ayde-Major les Compagnies qui par l'éloignement n'ont pas fourni, pour les reprendre dans lesdites Compagnies à la premiere occasion qu'on les aura jointes, sans que ces Compagnies puissent pretendre que leur tour à fournir soit passé; ainsi on prendra dans ces Compagnies, quand les Grenadiers en auront besoin, ceux qu'elles devroient avoir fourni si elles avoient esté avec les Grenadiers, sans que cela prejudicie à leur tour ordinaire & naturel.

240. Il faut, tant qu'on pourra, prendre des Grenadiers dans les Compagnies le jour de la revûë du Commissaire.

241. Lors que l'on aura tiré des Grenadiers des Compagnies, si le Capitaine des Grenadiers verifie que le Capitaine de la Compagnie, dont il a tiré un ou plusieurs Grenadiers, ait caché ou n'ait pas montré tous ses Soldats, le Capitaine des Grenadiers pourra pendant un mois seulement changer le Grenadier qu'il aura tiré, contre un des Soldats de ladite Compagnie, qui n'auront point esté montrez, supposé qu'il ait le service requis, & que le Commandant du Corps en soit content.

242. Quand on demande les Grenadiers & que les Compagnies ne sont pas complettes, soit par gens blessez, malades aux Hôpitaux, ou quelques libertins, on les rendra complettes par des détachemens du Regiment; ces Compagnies ne devant jamais aller à l'occasion qu'elles ne le soient; & quand dans cette occasion il y a quelques-uns de ces Soldats détachez, de tuez, on en tiendra compte à la Compagnie, d'où les tuez estoient, lors que le tour de ces Compagnies viendra à fournir des Grenadiers.

243. Jamais le Capitaine de Grenadiers ne pourra donner congé à un Grenadier que pour un mois, & lors qu'il voudra le luy donner pour deux ou pour trois, il faut que ce congé soit signé du Commandant & du Capitaine.

244. L'on peut bien renouveller ces congez-là, mais jamais les allonger d'avantage.

245. Quand les deux Compagnies de Grenadiers auront besoin d'hommes; le premier Capitaine choisira dans la premiere Compagnie, & l'autre dans la seconde & ensuite de mesme.

246. Il ne sera jamais permis aux Capitaines des Grenadiers, aprés avoir choisi dans une Compagnie, de rendre le Soldat qu'il aura pris pour en tirer un autre à sa fantaisie; c'est à luy à bien choisir quand il les prend; à moins que ce ne fust dans les huit premiers jours, & qu'il en dît de si bonnes raisons au Colonel ou au Commandant en son absence, qu'ils y consentissent.

247. Quand il manquera des Sergens dans les Grenadiers, on en usera

comme dans les autres Compagnies, c'est à dire le Capitaine presentera un Soldat de sa Compagnie au Colonel, qui le fera examiner par le Major, aprés quoy s'il l'approuve il sera reçû, ou sinon le Capitaine luy en presentera, jusques à ce que le Colonel le juge capable de la hallebarde.

Reglement qui sera exactement observé par le Regiment, pour les differentes gardes qu'il a à faire.

248. Le Regiment se trouvant seul dans un quartier où il se trouve des Enfans de France, Princes du Sang, Legitimez de France & Marechaux de France, il ne fera jamais garde qu'à un seul, à moins d'un ordre exprés de moy.

Brigadiers.

249. Un Brigadier de jour visitant les postes, s'il n'y a qu'un Sergent, il aura sa hallebarde, fera sortir les Soldats, & les mettra en haye, lesquels seront reposez sur leurs armes.

250. S'il y a un Officier il se mettra à la teste, son Esponton prés de luy,

& le Sergent & les Soldats comme cy-dessus.

Maréchaux de Camp.

251. Le Maréchal de Camp visitant les postes & les gardes à l'Armée, s'il y a un Officier, il fera prendre les armes, se mettra à la teste son Espontoin à la main, & le Tambour n'appellera point.

252. Le Maréchal de Camp à l'Armée, passant devant le Regiment lors qu'il est en bataille, les Soldats seront mousquet sur l'épaule, les Sergens à leurs postes avec leurs hallebardes, les Officiers à leurs postes sans Espontons, & les Tambours n'appelleront point.

253. Le Maréchal de Camp Commandant en chef, sera gardé par quinze hommes & un Sergent ; le Tambour n'appellera point, n'estant que pour mener & ramener la Garde ; mais quand il visitera les postes ou qu'il verra le Regiment en bataille, alors les Officiers subalternes prendront l'Espontoin ; mais les Tambours n'appelleront point.

Lieutenans

Lieutenans Generaux.

254. Le Lieutenant General commandant en chef, aura pour sa garde trente hommes & un Enseigne, le Tambour n'appellera point.

255. Le Lieutenant General commandant en chef, voyant le Regiment sur la ligne, ou dans les postes, les Officiers subalternes prendront l'Esponton, les Tambours n'appelleront point.

256. Le Lieutenant General, quoyque le General soit à l'Armée, passant devant le Regiment estant en bataille ou dans les postes, les Officiers subalternes prendront l'Esponton, les Tambours n'appelleront point.

257. Le Lieutenant General de la Province, & le Commandant dans ladite Province, où le Regiment sera en garnison, n'aura d'autre garde que trente hommes, & un Enseigne, les Tambours n'appellant point.

258. Si ce Lieutenant General Commandant dans la Province veut voir défiler le Regiment, les Capitaines se mettront auprés de luy, & les Officiers

subalternes défileront, l'Esponton à la main, à la teste des Compagnies ; les Tambours battans au champ en marchant.

Generaux d'Armée.

259. Le General d'Armée aura pour sa garde trente-cinq hommes, un Enseigne ou un Sous-Lieutenant qui rouleront ensemble , & le Tambour appellera.

260. Quand le General verra le Regiment sur la ligne ou dans les postes, les Capitaines ou Officiers prendront l'Esponton, & les Tambours appelleront, mais les Soldats ne presenteront pas les armes, ni ne sera salué.

261. En tous les lieux où le General se trouvera avec le Regiment, n'étant point en service de General par des Patentes ; mais seulement Lieutenant General Commandant dans la Province, il sera traité comme Lieutenant General.

Maréchaux de France.

262. Les Maréchaux de France commandans les Armées, auront pour

leur garde quarante hommes commandez par un Lieutenant, roulant avec les Sous-Lieutenans, & les Tambours appelleront.

263. Les Maréchaux de France visitant les postes, ou voyant le Regiment sur la ligne, les Soldats seront le mousquet sur l'épaule, les Capitaines & Officiers prendront l'Esponton, & les Tambours appelleront.

264. Les Maréchaux de France commandans les Armées seront saluez de l'Esponton deux fois pendant la Campagne; sçavoir, la premiere & derniere fois que le Regiment devra paroître devant eux.

Princes du Sang & Legitimez de France.

265. Les Princes du Sang & Legitimez de France auront pour leur garde cinquante hommes commandez par un Lieutenant, qui ne roulera pas avec les Sous-Lieutenans, & les Tambours appelleront.

266. Me reservant d'augmenter les honneurs aux Princes du Sang ou Legitimez de France pour leur garde, ainsi que je le jugeray à propos, soit

pour leur faire donner une Compagnie & le Drapeau, & en regler la durée, ayant déja accordé cet honneur en plusieurs rencontres aux Princes du Sang & Legitimez de France, declarant pourtant qu'en semblables cas, les Tambours ne battront point au champ mais appelleront seulement.

267. Quand les Princes du Sang ou Legitimez de France, n'estant point Generaux, n'auront pour leur garde que cinquante hommes & un Lieutenant, ils ne seront, estant à l'Armée, saluez de l'Esponton que la premiere fois qu'ils verront le Regiment en bataille.

268. Quand ils visiteront les Gardes ou verront le Regiment sur la ligne estant en bataille, & qu'ils n'auront que cinquante hommes pour leur garde, les Capitaines & Officiers seront l'Esponton à la main à leurs postes, les Soldats mousquet sur l'épaule, & les Tambours appelleront.

269. S'ils sont Generaux, & qu'il n'y ait point d'ordre de leur monter une Compagnie, ils seront deux fois saluez, la premiere & la derniere fois

qu'ils verront le Regiment.

270. Quand je leur accorderay l'honneur d'avoir un Capitaine & le Drapeau, ils seront saluez toutes les fois qu'ils verront le Regiment en bataille; voulant que ceux à qui j'accorde cette garde, joüissent de cet honneur en tous les lieux où ils verront le Regiment.

271. Le Regiment ne presentera jamais les armes que pour moy, la Reine, & mon fils le Dauphin, à moins que je ne l'ordonne autrement.

272. Lors que dans la campagne ils auront joüi de l'honneur d'avoir une Compagnie & le Drapeau à leur garde, quoy que cette garde n'eust duré qu'un ou quelques jours, ils seront saluez toutes les fois qu'ils verront le Regiment.

Petits Enfans de France.

273. Me reservant d'accorder tels honneurs que je jugeray à propos aux petits Enfans de France, ayant en 1691. accordé au Duc de Chartres, fils de mon frere le Duc d'Orleans, estant allé faire la Campagne en Flan-

dre, quoy qu'il ne fust que Volontaire, que l'on montast pour sa garde une Compagnie & le Drapeau pendant toute la Campagne, avec ordre de battre au champ le premier & le dernier jour, & appeller seulement les autres jours.

Enfans de France.

274. Les Enfans de France auront pour leur garde une Compagnie entiere, avec le Capitaine & le Drapeau, & les Tambours battront au champ, parce qu'ils ne peuvent jamais avoir cette garde que dans les lieux où je ne suis pas.

275. Quand les Enfans de France visiteront les postes, ou voyant le Regiment sur la ligne, les Tambours battront au champ ; c'est à dire, quand je n'y seray pas, car estant present on ne bat au champ que pour moy & pour la Reine.

276. Quand par le peu de Compagnies qu'il y auroit prés de ma Personne, & qu'ils en seroient separez, on ne leur donneroit pour leur garde qu'un détachement, les Tambours battront au champ.

Pour mon Fils le Dauphin.

277. Quant à mon fils le Dauphin, j'ordonne que l'on vienne à l'ordre, pour sçavoir si je feray monter chez luy une ou plusieurs Compagnies.

278. Quand je suis à Versailles ou autre Maison Royale, & que mon fils le Dauphin va à Paris, à la Foire, l'Opera ou Comedie, on montera toûjours une Compagnie de Garde au lieu où il ira, les Tambours battront au champ.

279. Si mon fils le Dauphin demandoit qu'on y montast plus d'une Compagnie, en ce cas le Colonel viendra m'en demander l'ordre.

280. Il n'y a que pour ma garde, ou celle de la Reine, qu'on puisse monter plusieurs Compagnies sans mon ordre exprés.

281. Les Marechaux de France, Princes du Sang, Legitimez de France, Enfans & petits Enfans de France, conservent leur garde en quelque lieu qu'ils trouvent le Regiment, hors dans ceux où je suis & la Reine; ou les quartiers d'où se tire ma garde, com-

me Paris pour Saint Germain & Versailles, Melun pour Fontainebleau, Blois pour Chambor, & autres quartiers de mesme.

282. S'ils se trouvent plusieurs dans le mesme lieu, le Regiment gardera le premier seulement.

Le Colonel.

283. Le Colonel aura pour sa garde cinquante hommes, un Lieutenant ou un Sous-Lieutenant qui rouleront ensemble ; & conservera ladite garde dans tous les lieux où il se trouvera, hors de ceux où je seray, ou mon fils le Dauphin ; & sera salué par tout où il verra le Regiment, hors dans mon logis ou celuy de mon fils le Dauphin.

284. Il s'est pratiqué que moy estant à l'Armée, le Colonel Maréchal de France, estant dans mon quartier, aimoit mieux me demander permission d'avoir une sentinelle de ma garde, que d'avoir une garde d'un autre Corps ; ce que je luy ay permis quelquefois.

285. Le Colonel ne pouvant prendre l'ordre ou le mot de moy, le Commandant de la garde, & le Major l'ayant

l'ayant pris, sont obligez de le luy porter en son logis.

286. Quand c'est le Lieutenant-Colonel qui est de garde, lequel prend le mot de moy, il est obligé de le porter au Colonel, auquel cas le Major n'y va pas, parce que le Lieutenant-Colonel le prend pour la garde & pour le Regiment, & que luy seul le prend de moy.

287. Tout corps-de-garde du Regiment des Gardes, hors celuy de ma Maison & de la Reine, prendra les armes exprés pour les Enfans de France & pour le Colonel; luy ayant accordé cet honneur, parce que le Colonel General en joüissoit.

288. Le Capitaine qui se trouvera de garde chez un Enfant de France ou autre à qui je l'auray ordonné, estant son tour à marcher, sera obligé de quitter sa garde pour quelque détachement que ce soit; l'ordre des détachemens pour les Capitaines ne pouvant estre interrompu ou differé que pour ma garde; celle de la Reine & de mon fils le Dauphin.

289. Pour les Officiers subalternes

lors qu'ils se trouveront en garde, & que leur tour de détachement viendra, ils ne pourront quitter ladite garde qu'elle ne soit achevée, sauf à reprendre leur tour ensuite en la maniere accoustumée.

Garde du Roy.

290. Quant à ma garde, elle ne sort jamais du Corps de garde, ni ne prend les armes que pour ma Personne, ou pour la Reine; mais lors qu'elle est sous les armes on appelle pour mon fils le Dauphin, pour les Enfans de France, & le Colonel.

291. Quand le Regiment ou les Compagnies sont en marche, & qu'ils sont rencontrez par mon fils le Dauphin, Enfans de France ou le Colonel, on fait halte, les Capitaines & Officiers prennent l'Esponton, & les Tambours appellent.

Reglement pour la vente des Compagnies.

292. Lors qu'il se vendra une Compagnie, le Major en fera une revûë particuliere pour en examiner tous les hommes.

293. Si la Compagnie se trouve au-dessous du nombre complet, les hommes qui manqueront seront payez par le vendeur à cent livres piece.

294. Dans les hommes de la Compagnie, le Major marquera ceux qui ne sont pas de la taille, qui sont vieux, estropiez, ou assez mauvais pour les oster, dont il fera un controlle qu'il donnera au Colonel, afin qu'il limite au Capitaine acheteur, combien de temps il luy donne pour les oster; soit tant par mois, ou par semaine; à l'execution de quoy le Major tiendra la main, & en rendra compte exactement au Colonel.

295. Ces hommes-là jugez mauvais & condamnez à estre ostez, seront payez par le Capitaine vendeur, à cinquante francs piece, quoy qu'ils demeurent dans la Compagnie jusques au temps fixé pour les oster.

296. L'argent des uns & des autres sera mis par le vendeur entre les mains de l'acheteur.

Liberté de la vente des Charges.

297. Ma volonté est que dorénavant

chacun ſoit libre d'acheter ou vendre ſa Charge, & pour cela chacun cherchera ſon marchand, & en fera le marché comme il luy conviendra; c'eſt à un chacun à preſenter ſon marchand au Colonel pour le prier de m'en demander l'agrément.

Congez des Officiers du Regiment.

298. Mon intention eſt qu'à l'avenir il n'y aura jamais plus de deux Officiers abſens par Compagnies, ſoit Capitaine, ou Officiers; les plus longs Congez ne ſeront que de trois mois, & cela pendant la guerre ſeulement, l'hyver, voulant que tout ſoit preſent en eſté.

299. Quand le Colonel aura obtenu congé de moy pour un Officier, ce Capitaine ou Officier ne partira pas ſans avoir eſté ſe faire mettre ſur le Controlle du Major, où le temps de ſon retour ſera marqué; le Major en rendra compte au Colonel, ſur tout en cas qu'il y en euſt déja deux qui euſſent congé, parce qu'il faudroit que celuy-là attendiſt le retour de l'un des abſens pour s'en aller.

Ordonnance du Roy, pour regler la maniere dont les Capitaines aux Gardes doivent servir en Garnison.

Du 20. Mars 1681.

300. Sa Majesté estimant à propos de regler la maniere selon laquelle les Capitaines des Regimens de ses Gardes Françoises & Suisses doivent faire le service dans les Places où elles seront en garnison, & les distinguer en quelque façon des Capitaines des autres Corps d'Infanterie, en consideration de l'honneur qu'ils ont de garder sa personne; sa Majesté, aprés s'estre fait representer son Reglement du vingt-cinquiéme Juillet mil six cens soixante-cinq, a Ordonné & ordonne, veut & entend que ledit Reglement soit ponctuellement executé & observé par tous les Officiers de sesdits Regimens des Gardes Françoises & Suisses, à l'exception toutefois de ce qui est porté par le vingt-deuxiéme Article d'iceluy; Que les Capitaines desdits Regimens de ses Gardes Françoises & Suisses monteront en personne la gar-

de comme dans les autres Officiers de ses Troupes, & ce avec le haussecol & la pique à la main, dont sa Majesté a trouvé bon de les dispenser : Veut neanmoins que l'un des Capitaines des susdits Regimens, soit tenu & obligé tous les jours de se trouver à la parade, pour voir si les Escoüades desdits Regimens seront complettes d'Officiers, Sergens & Caporaux; & qu'en outre il prenne soin de visiter plusieurs fois, tant de jour que de nuit, les Corps de garde où lesdites Escoüades seront distribuées, pour reconnoistre si les Sergens & Soldats d'icelles y sont assidus, & font le service avec l'exactitude qu'ils doivent : Veut & entend aussi sa Majesté que le tiers des Officiers subalternes desdits Regimens de ses Gardes Françoises & Suisses, fassent la ronde dans lesdites Villes & Places, conformement à son Ordonnance du vingt-neuf Fevrier mil six cens soixante-treize, sur les peines y contenuës. Mande & ordonne sa Majesté à ses Gouverneurs, ses Lieutenans Generaux en ses Provinces, Gouverneurs particuliers de ses Villes & Places, &

aux Commissaires des Guerres ordonnez à la police de ses Troupes, de tenir la main chacun comme il appartiendra, à l'observation & execution de la presente, laquelle sa Majesté veut estre publiée & affichée dans lesdites Villes & Places, à ce qu'aucun n'en pretende cause d'ignorance. FAIT à Saint Germain en Laye le vingtiéme jour de Mars mil six cens quatre-vingt-un. *Signé* LOUIS. *Et plus bas*, LE TELLIER.

Détail pour les Capitaines qui se trouveront Commandans les Compagnies sur les routes.

301. Quand on arrivera dans un quartier, le Commandant fera mettre un Corps de garde au milieu dudit quartier, où il y aura deux Sergens pour recevoir les plaintes des habitans, y aller donner ordre sur le champ, & en avertir le Commandant, à faute de quoy le Sergent de garde sera interdit à la teste du Regiment.

302. Le Major avertira les Maire & Echevins dudit Corps de garde, afin qu'ils fassent avertir les habitans

d'y aller porter leurs plaintes.

303. Le Major avertira aussi les Maire & Echevins, que lorsque les Compagnies en partiront, elles seront en bataille à la teste du quartier, où elles demeureront une heure en halte, pour y recevoir les plaintes que les habitans n'auroient peut-estre osé faire, les troupes estant dans le quartier.

304. Pendant ladite halte, le Commandant envoyera des Officiers dans le quartier voir si personne ne se plaint.

305. Si pendant cette halte, il y a des habitans qui se plaignent, le Commandant fera payer & reparer sur le champ les desordres dont on se plaindra; voulant que le Commandant soit responsable des desordres qui arriveront dans sa troupe; aprés quoy il partira, & fera la mesme chose dans chaque quartier.

Reglement pour tenir le Conseil de Guerre dans les garnisons.

306. En quelque lieu que le Regiment des Gardes se trouve, & qu'il aura des Soldats à juger, ma volonté

est que le Major ou Ayde-Major en avertisse le Gouverneur ou Commandant de la Place, pour pouvoir assembler le Conseil de Guerre, que l'on tiendra dans la prison, ou chez le Commandant des Gardes, comme ils ont accoustumé, sans que les Commandans, ni Officiers Majors des Places y puissent avoir nulle fonction; & aprés le Conseil fini, le Major ou l'Ayde-Major qui en fera la Charge, ira rendre compte au Commandant de la Place de ce qui se sera passé, & luy demander la permission de prendre les armes pour l'execution des jugemens qui y auront esté rendus.

307. Si quelques Officiers Majors des Places vouloient, suivant l'ancien usage, s'opposer à ce Reglement; le Commandant des Gardes leur envoyera le Major pour leur faire lire ce qui est de ma volonté écrit dans le present Reglement.

Etat de ce que le Capitaine doit payer par prest de quatre jours ; & par mois aux Sergens, Caporaux, Anspessades, Tambours, Piquiers & Mousquetaires.

Sergens.

308. Un Sergent a de sa paye par an 350 livres.
faisant par mois 29 liv. 3 s. 4 d.
Il faut rabattre les neuf deniers pour livre, qui font 1 liv. 1 s. 9 d.
reste au Sergent 28 l. 1 s. 7 d.
On luy rabattra par mois 4 l.
Restera de paye chaque mois 24 l. 1 s. 7 d.

Caporal.

309. Un Caporal a de sa paye par an 200 l.
Il faut rabattre les neuf deniers pour livre, faisant par an 7 liv. 10 s.
On luy donne trois paires de souliers de 9 liv.
On luy donne trente sols par prest de quatre jours, il y a quatre-vingt-onze prests & un quart dans l'année, qui montent à 136 l. 17 s. 6 d.

Il luy reste pour les habits & linge 46 liv. 12 s. 6 d.

200 l.

Anspessade.

310. L'Anspessade a pour sa paye par an 180 l.
faisant par mois 15 l.
Il faut luy rabattre les neuf deniers pour livre, qui font par an 6 l. 15 s.
Il faut luy donner pour trois paires de souliers par an 9 l.
On luy donne six sols & demy par jour, faisant par prest de quatre jours vingt-six sols, il y a quatre-vingt-onze prests & un quart dans l'année 118 l. 11 s. 6 d.
Il luy reste pour ses habits & linge par chaque année 45 l. 14 s. 6 d.

311. Comme je veux bien traiter les Anspessades, & que leur paye est petite, ma volonté est que sur les trente Appointez que je donne à chaque Compagnie, il en soit donné un demy Appointé à chaque Anspessade, qui est deux liards de plus par jour, & deux sols par prest, faisant avec la paye vingt-huit sols par quatre jours.

Tambours.

312. Les Tambours ont pour leur paye autant que les Anspessades 180 l. faisant par mois 15 l.
On leur donne le mesme prest qu'aux Anspessades, ainsi ils ont pour leurs habits 45 l. 14 s. 6 d.

313. Et comme mon intention est de les bien traiter, j'ordonne qu'on leur donnera la moitié de la paye d'un Appointé à chacun des quatre Tambours, moyennant quoy ils auront sept sols par jour, & vingt-huit sols par prest de quatre jours.

314. L'autre moitié de paye de ces quatre Appointez, faisant six deniers par jour pour chacun, leur sera précompté sur le décompte, parce qu'il n'y a pas assez de fonds pour les habiller, puisque par leur paye il ne leur reste suivant qu'il est marqué dans ce détail que 45 l. 14 s. 6 d.
Ce supplément de paye qui fait quinze sols par mois sera par an 9 l.
Si bien que le Tambour aura vingt-huit sols par prest de quatre jours; & il luy sera donné neuf livres pour ses

ſouliers, & outre cela le Capitaine aura pour l'habiller & donner du linge 54 l. 14 ſ. 6 d.

315. Par ce détail voilà huit Appointez & demy employez; ſçavoir, quatre & demy aux Anſpeſſades, & quatre aux Tambours, il en reſtera encore vingt-un & demy au Capitaine, pour diſpoſer comme il jugera à propos parmi les vieux & anciens Soldats.

Piquier.

316. Le Piquier a de paye par an 160 l.

faiſant par mois 13 l. 6 ſ. 8 d.

Surquoy il faut déduire les neuf deniers pour livre, faiſant par an 6 l.

Il faut luy donner trois paires de ſouliers par an 9 l.

On luy donne cinq ſols & demy par jour, faiſant par preſt de quatre jours vingt-deux ſols.

Il y a quatre-vingt-onze preſts & un quart par an, ſomme 100 l. 7 ſ. 6 d.

Il luy reſte pour habits & linge 44 l. 12 ſ. 6 d.

160 l.

Mousquetaire.

317. Chaque Mousquetaire a de paye par an 150 l. faisant par mois 12 l. 10 s.
Il faut deduire les neuf deniers pour livre, qui font par an 5 l. 12 s. 6 d.
Il faut luy donner trois paires de souliers 9 l.
Il y a cinq sols par jour & vingt sols par prest; quatre-vingt-onze prests & un quart, font par an 91 l. 5 s.
Il luy reste pour habits & linge 44 l. 2 s. 6 d.

150 l.

318. Le Capitaine donnera la paye d'Appointé à dix anciens & meilleurs Soldats de sa Compagnie, qui seront Grenadiers dans les Compagnies, & en serviront quand le service en aura besoin, & seront appellez dans chaque revûë par le Commissaire aussi-bien que les Caporaux & Anspessades.

319. Chaque Capitaine tiendra compte à ses Soldats de l'argent de leur décompte, soit en hardes pour son entretien, ou en argent.

320. Tout Soldat qui n'est point

enregiſtré ſur le livre du Commiſſaire, ou ſur celuy du Major ou Ayde-Major, eſtant en campagne ne peut jamais eſtre cenſé deſerteur, eſtant défendu aux Capitaines d'en admettre pas un dans leurs Compagnies qui ne ſoit ſignalé ; & ſi les Sergens en mettent dans les rangs qui ne ſoient point enrollez, ſans en avertir le Major pour en rendre compte au Colonel, Lieutenant-Colonel, ou Commandant du Corps en leur abſence, le Sergent d'affaires ſera remis Soldat pour ſix mois ; & la ſeconde fois caſſé.

Ma volonté eſt que le preſent Reglement contenu en trois cens vingt articles ſoit executé, ſans y rien changer, à moins que je ne l'ordonne. Fait à Verſailles le huitiéme Decembre mil ſix cens quatre-vingt-onze. Signé LOUIS.

FIN.

Supplément que je veux estre joint au Reglement que j'ay fait pour le Regiment des Gardes Françoises, en date du 8. Decembre 1691.

LES Capitaines recommenceront à tenir compte aux Soldats de leurs décomptes, à commençer du premier Janvier 1692.

Lors qu'un Capitaine vendra sa Compagnie, le décompte sera fait regulierement par le Major & le Commissaire du Regiment, pour estre mis entre les mains du Capitaine acheteur.

S'il se trouve que le Capitaine vendeur redoive aux Soldats; cet argent qui leur sera dû, sera donné par le Capitaine vendeur entre les mains du Capitaine acheteur, lequel en donnera la moitié de ce qui sera dû à chaque Soldat, & gardera l'autre moitié pour leur en tenir compte suivant les occurrences.

Quant aux Soldats qui se trouveront redevables aux Capitaines, le Capitaine

Capitaine vendeur ne pourra rien exiger pour cela du Capitaine acheteur, ni mesme le donner aux Soldats, ce qui sera verifié par le livre de Compte de chaque Compagnie, voulant en ce cas que le Capitaine acheteur en profite de la moitié, dont il se fera tenir compte par les Soldats qui se trouveront redevoir, & l'autre moitié sera rabatuë au profit des Soldats.

Le Capitaine vendeur sera obligé de donner la Compagnie toute armée de mousquets, fusils, piques, épées, corcelets, poiro à poudre & porte poire; & pour dedommager le Capitaine vendeur des armes qui luy appartiennent, & de l'argent que les Soldats peuvent luy redevoir par leur décompte; Je permets que les Compagnies dont j'ay mis la fixation à vingt-cinq mille écus, valant soixante & quinze mille livres, soient venduës doréna-vant quatre-vingt mille] livres.

Lors que les Capitaines seront tuez ou mourront de maladie, le Commissaire du Regiment & le Major en feront le décompte; & si le Capitaine mort se trouve redevable aux Soldats,

& qu'il y ait de l'argent chez le Tresorier appartenant au Capitaine mort, aussi-bien que l'argent qui proviendra de l'estimation qui sera faite des armes à l'ordinaire, cet argent sera pris par preference à toutes les dettes, pour en estre remis entre les mains du Capitaine que j'auray nommé à la Compagnie, la somme qui sera renduë aux Soldats, pour en estre donné comptant la moitié de ce qui sera dû à chacun; & si le Capitaine se trouve insolvable, c'est-à-dire sans nul fonds chez le Tresorier, l'on prendra seulement l'argent de la vente des armes, qu'on joindra avec ce qu'il sera necessaire de la vente de l'équipage, pour mettre entre les mains du Capitaine nommé, sans que les heritiers du défunt puissent estre tenus de ce que le mort pourroit se trouver redevable à la Compagnie; car s'il n'y avoit nul fonds, le Capitaine que j'aurois nommé à la Compagnie, seroit chargé de payer aux Soldats ce qui pourroit leur estre dû, dont il leur en donneroit la moitié comptant; mon intention estant que le Soldat ne perde rien.

Si ce que les uns devront est égal à ceux à qui il sera dû, auquel cas la compensation faite, le Capitaine à qui je donneray la Compagnie, se chargera des uns & des autres, voulant pourtant que dans ce changement il soit payé la moitié de ce qui est dû à chaque Soldat, aprés quoy le reste de l'argent, provenant soit des effets & ventes d'équipages, sera rendu aux heritiers du défunt.

Si la Compagnie aprés la compensation faite se trouve redevoir au défunt, le Capitaine que j'auray nommé en profitera de la moitié, & les Soldats de l'autre, sans que le Capitaine soit obligé d'en tenir compte aux heritiers. *Signé* LOUIS.

Ordonnance du Roy, portant défense aux Geoliers & Gardes des Prisons, de laisser transferer ni sortir desdites Prisons aucuns Soldats des Gardes qui leur auront esté consignez par des Officiers des Gardes, sans l'ordre exprés desdits Officiers & Gardes.

11 fevrier 1692

DE PAR LE ROY.

SA MAJESTE' ayant esté informée qu'il est souvent arrivé, que lorsque les Officiers du Regiment de ses Gardes Françoises ont, pour correction, fait mettre quelques-uns des Soldats de leurs Compagnies, qui estoient tombez en faute, dans les Prisons de Saint Germain des Prez ou autres, ils ont esté tirez & transferez en d'autres Prisons, en vertu de Sentences ou Arrests de diverses Jurisdictions, y ont esté écroüez & recommandez par des particuliers, pour autres choses que celles pour lesquelles ils auront esté constituez prisonniers en premier lieu ; Et sa Majesté voulant y pourvoir & mettre les Soldats de sondit Regiment à couvert de pareilles entreprises; Sa Majesté a défendu & défend tres-expressement à tous Geoliers & Gardes des Prisons dans lesquelles lesdits Officiers de sondit Regiment des Gardes Françoises auront fait mettre des Soldats de leurs Compagnies, pour punition de quelques fautes ou desordres par eux commis, de ne les laisser sortir desdites Prisons, qu'à la requisition des Capitaines & Officiers qui les y auront fai conduire, ni de les écroüer, retenir, ou mettre en d'autres mains; & ce nonobstant tous Jugemens, Sentences ou Arrests qui pourroient avoir esté donnez, & de quelques Cours ou Jurisdictions qu'ils seroient émanez; à peine ausdits Geoliers & Gardes des Prisons, de privation de leurs Charges & d'en répondre. Fait à Versailles le onziéme Fevrier mil six cens quatre-vingt-douze. *Signé* LOUIS. *Et plus bas*, Le Tellier.

Ordonnance du Roy, portant défense aux Soldats du Regiment des Gardes de changer d'habits, pour commettre des desordres, à peine à ceux qui y contreviendront, de condamnation aux Galeres.

DE PAR LE ROY.

SA MAJESTE' ayant esté avertie qu'aucuns Soldats du Regiment de ses Gardes Françoises se déguisent, & prennent d'autres habits que les leurs quand ils veulent faire des desordres, afin de n'estre pas reconnus pour Soldats, & de les pouvoir commettre impunement; Et Sa Majesté voulant par une punition severe empêcher la continuation d'un tel abus; Sa Majesté a défendu & défend tres-expressément à tous Soldats du Regiment de ses Gardes Françoises, de se travestir ni porter d'autres habits que celuy dudit Regiment, à l'exception toutefois de ceux qui iront travailler, & n'auront point d'épées, à peine à celuy ou ceux qui seront saisis & arreſtez, faiſant des deſordres, & qui auroient d'autres habits que celuy dudit Regiment, d'eſtre punis de la peine des Galeres, ſans aucune forme ni figure de procés; veut pour cette fin Sa Majeſté qu'ils ſoient attachez à la Chaîne pour eſtre conduits, avec la premiere qui partira, ſur leſdites Galeres. Enjoint Sa Majeſté au Prevoſt des Bandes & dudit Regiment des Gardes, de s'employer ſelon le dû de ſa Charge, & en ce qui le concerne, à l'execution de la preſente, laquelle Sa Majeſté veut eſtre lûë & publiée à la teſte des Compagnies dudit Regiment, & affichée aux quartiers d'icelles, à ce qu'aucun n'en pretende cauſe d'ignorance. FAIT à Verſailles le onziéme Fevrier mil ſix cens quatre-vingt-douze. *Signé* LOUIS. *Et plus bas*, LE TELLIER.

Ordonnance du Roy, pour regler le rang des Lieutenans, Sous-Lieutenans & Enſeignes du Regiment des Gardes Françoiſes, avec les Officiers des autres Regimens d'Infanterie.

DE PAR LE ROY.

SA MAJESTÉ deſirant témoigner aux Officiers du Regiment de ſes Gardes Françoiſes ; la ſatisfaction qu'Elle a de leurs ſervices, & donner aux Lieutenans, Sous-Lieutenans & Enſeignes dudit Regiment, un rang qui ſoit proportionné à celuy dont joüiſſent les Capitaines ; Sa Majeſté a ordonné & ordonne qu'en toutes occaſions les Lieutenans du Regiment de ſes Gardes Françoiſes marcheront aprés les Lieutenans-Colonels, & commanderont à tous les Capitaines des autres Regimens de ſon Infanterie, & que les Sous-Lieutenans & Enſeignes dudit Regiment de ſes Gardes prendront rang aprés les Capitaines, & devant tous les Lieutenans des autres Regimens d'Infanterie, ſans qu'il y puisse estre apporté aucune difficulté. Mande & ordonne Sa Majesté aux Gouverneurs & ses Lieutenans Generaux en ses Provinces, aux Lieutenans Generaux en ses Armées, aux Mareschaux de Camp, & autres Officiers Generaux qui auront commandement sur ses Troupes; & aux Gouverneurs de ses Villes & Places, de tenir la main à l'observation de la Presente. FAIT à Versailles le douziéme jour de Fevrier mil six cens quatre-vingt-douze. *Signé* LOUIS. *Et plus bas*, LE TELLIER.

TABLE DES MATIERES

contenuës au Reglement general pour le Regiment des Gardes Françoises du Roy.

A

B

C

R

S

V

Fin de la Table des Matieres.

www.ingramcontent.com/pod-product-compliance
Ingram Content Group UK Ltd.
Pitfield, Milton Keynes, MK11 3LW, UK
UKHW031919260826
14628UKWH00003B/1303

9 782019 147501